Leselöwen

ANNA TAUBE

TIERFREUNDE HALTEN ZUSAMMEN!

ILLUSTRIERT VON LISA ALTHAUS

Loewe

In diesem Buch sind ein paar Wörter **fett** gedruckt. Am Ende der Geschichte findest du spannende Erklärungen zu diesen Begriffen.

INHALT

FIBIS FUND

ES REGNET UND REGNET.
DAS WASSER IM FLUSS
STEIGT IMMER HÖHER.

ALBIN, DER ALTE **BIBER**,
SCHAUT BESORGT ÜBER DEN **DAMM**.
„WIRD ER HALTEN?“,
FRAGT WALDO WASCHBÄR.

PLÖTZLICH RUFT JEMAND UM HILFE.

DAS IST FIBI, DIE KLEINE ENTE!

WO IST SIE BLOSS?

OJE, IM WILDEN FLUSS!

„ICH KOMME!“, RUFT WALDO.
RUKI SCHWIMMT IHREM PAPA NACH.
DIE STRÖMUNG IST SEHR STARK.
RUKI KEUCHT ANGESTRENGT.

DA IST FIBI!

„HIERHER!“, RUFT SIE. „SCHNELL!

SONST ERTRINKT DER KLEINE!“

EIN BIBERJUNGE!
KRAFTLOS TREIBT ER IM WASSER.
„WIR BRINGEN IHN ZU ALBIN“,
SAGT WALDO. „HELFT MIR!“

IN DER BIBERBURG

ALBIN BEUGT SICH
ÜBER DEN KLEINEN BIBER.
DA! ER SCHLÄGT DIE AUGEN AUF.
„WO BIN ICH?“, FRAGT ER LEISE.

„DU BIST IN MEINER **BIBERBURG**“,
SAGT ALBIN. „IN SICHERHEIT …
SOLANGE DER DAMM HÄLT.“

ALBIN RAPPELT SICH AUF.
„ICH MUSS LOS“, SAGT ER.
„WENN DER DAMM BRICHT,
VERLIEREN ALLE IHR ZUHAUSE.“

„JA, ICH WEISS“,
MURMELT DER BIBERJUNGE.
„MEIN DAMM IST GEBROCHEN ...
ICH HAB KEIN ZUHAUSE MEHR.“

ER SPRINGT AUF.
„WARTE, ICH HELFE DIR!“
ABER ALBIN IST SCHON WEG.

DER KLEINE SCHAUT SICH UM.
ALBINS WOHNBURG IST RIESIG.
ABER ER FINDET DEN AUSGANG
UND TAUCHT AB.

DER ENTSCHLUSS

ALS DER KLEINE BIBER AUFTAUCHT,
SIEHT ER EIN GESICHT MIT MASKE.
„AAAH!“, SCHREIT ER ERSCHROCKEN.
ER SCHLUCKT WASSER UND HUSTET.

„JETZT ERTRINKT DIESER BIBER
SCHON WIEDER!“,
FIEPT FIBI EMPÖRT.

RUKI VERDREHT DIE AUGEN.
„KENNST DU KEINE WASCHBÄREN?"
„UND VIELLEICHT KEINE ENTEN?",
QUAKT FIBI. „SCHUSSEL-BIBER!"

PLÖTZLICH LÄCHELT DER WASCHBÄR.
„ICH BIN RUKI. DAS IST FIBI.
WIR HABEN DICH GERETTET
UND WOLLTEN NACH DIR SEHEN.“

DER BIBERJUNGE STAUNT.
„ECHT? DANKE!“, SAGT ER.
„ICH HEISSE NONNI.“

„WILLST DU FORT?“, FRAGT RUKI.
„NEIN, ICH WILL ALBIN HELFEN.
DAMIT DER DAMM NICHT BRICHT.“
„WIR HELFEN MIT!“, RUFT RUKI.

ABER NONNI SCHÜTTELT DEN KOPF.
„NUR BIBER KÖNNEN DAS."
„BITTE ZEIG UNS, WIE ES GEHT",
SAGT RUKI FEST ENTSCHLOSSEN.

NONNI VERSTEHT. ER NICKT.
„OKAY, AN DIE ARBEIT!“
„ICH WERDE EIN BIBER!“,
FIEPT FIBI FRÖHLICH.

DER DAMM

ZUERST ZEIGT NONNI DEN BEIDEN,
WIE MAN **BÄUME FÄLLT**.
GEMEINSAM BRINGEN SIE
DEN STAMM ZUM **STAUDAMM**.

„DIE LÖCHER STOPFEN WIR
MIT PFLANZEN“, ERKLÄRT NONNI.
SOFORT TAUCHT FIBI AB.
GRAS ABKNABBERN KANN SIE GUT!

„UND MIT STEINEN“, SAGT NONNI.
MIT IHREN EMPFINDLICHEN PFOTEN
FINDET RUKI IM TRÜBEN WASSER
DIE BESTEN STEINE.

DEN GANZEN TAG ÜBER
HELFEN SIE ALBIN.
NACH UND NACH WIRD DER DAMM
IMMER GRÖSSER UND HÖHER.

NONNIS BANDE

„EINE FLUTWELLE!“,
KREISCHT DER **GRAUREIHER**.
„SIE KOMMT DIREKT AUF UNS ZU!“

„IN DECKUNG!“, BEFIEHLT ALBIN.
ER DRÄNGT RUKI UND FIBI
UNTER EINE BAUMWURZEL.
„NONNI, KOMM!“

ABER DA IST NOCH EIN LOCH!
NONNI STOPFT ES MIT STEINEN.
SCHNELL, ER BRAUCHT MEHR!
ALBIN BRINGT EINEN DICKEN AST.

DA KOMMT DIE WELLE!
SIE KRACHT GEGEN DEN DAMM!
DER DAMM ZITTERT UND BEBT.
ALBIN HÄLT NONNI GANZ FEST.

PLÖTZLICH IST ES RUHIG.
NONNI BLICKT AUF.
WASSER SCHWAPPT ÜBER DEN DAMM.
ABER ER HÄLT!

DER TEICH IST GERETTET!
„GUT GEMACHT, KLEINER BIBER“,
SAGT ALBIN UND LÄCHELT.
„DANKE FÜR DEINE HILFE.“

„WIR SIND AUCH BIBER!“,
FIEPT FIBI. UND RUKI RUFT:
„WIR SIND DIE BIBER-BANDE!
BITTE BLEIB BEI UNS, NONNI!“

ALBIN NICKT. „SEHR GERN.“
NONNI IST FROH.
ER HAT FREUNDE.
UND EIN NEUES ZUHAUSE.

Fragen und Antworten

Wer ist Fibi und wer ist Waldo? Schreibe die Namen unter die Bilder.

Antwort: Links ist Fibi, rechts ist Waldo.

Wohin bringen Fibi und Waldo den kleinen Biber? Bringe die Silben in die richtige Reihenfolge.

BURGBERBI

Antwort: Biberburg

Lies genau in Spiegelschrift. Wie heißt der kleine Biber? Kreuze an.

- [ ] innoM
- [ ] innoИ
- [ ] onniИ

Antwort: Nonni

Was benutzen die Tiere nicht, um die Löcher im Damm zu stopfen? Kreuze an.

- [ ] Pflanzen
- [ ] Steine
- [ ] Pappe

Antwort: Pappe

Welches Wort fehlt in diesem Satz aus der Geschichte? Trage es ein.

Wir sind die Biber-________________!

Antwort: Bande

Schon gewusst?

Biber (Seite 7):

Biber sind Nagetiere und ernähren sich von Pflanzen. Sie werden ungefähr einen Meter lang und wiegen bis zu 30 Kilogramm. Zusammen mit ihren Familien wohnen sie in Biberburgen. Biber fühlen sich an Land und im Wasser wohl.

Damm/Staudamm (Seite 7 und Seite 26):

Mit einem Staudamm kann man kontrollieren, wie hoch das Wasser steigt. Biber bauen Dämme, damit der Wasserstand hoch ist und der Eingang zu ihrer Biberburg immer unter Wasser liegt.

Biberburg (Seite 13):

Die Biberburg oder der Biberbau liegt am Ufer von Gewässern. Der Eingang ist unter Wasser, damit andere Tiere ihn nicht so leicht finden. Mehrere Gänge führen von dort zu einem Wohnraum, der über der Wasseroberfläche liegt.

Bäume fällen (Seite 26):

Biber fällen Bäume mit ihrer „Sanduhrtechnik“. Sie nagen den Baumstamm rundherum ab, bis er fällt.
In einer Nacht kann ein Biber einen Baum mit einem 50 Zentimeter dicken Stamm fällen.

Graureiher (Seite 30):

Der Graureiher ist ein großer Vogel und lebt in der Nähe von Gewässern. Im Wasser taucht er blitzschnell nach kleinen Fischen, an Land schnappt er sich auch kleine Ratten oder Mäuse.

Blättere schnell um und trage die unterstrichenen Buchstaben in der richtigen Reihenfolge in die Kästchen ein!

Das Leselöwen-Lösungswort

Besuche den Leselöwen auf **www.leseloewen.de** und trage die unterstrichenen Buchstaben von den Seiten *Schon gewusst?* in der richtigen Reihenfolge in die magische Box ein.

T				

Wenn du das Lösungswort gefunden hast, kommst du auf die geheime Seite mit vielen weiteren Spielen und Rätseln!

Der **Leselöwe** freut sich auf dich!

Jetzt online!

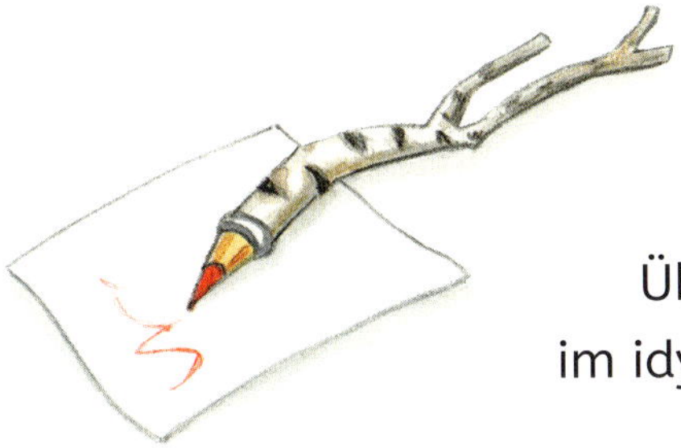

Anna Taube studierte Literatur an der Universität Hildesheim und arbeitet als freie Autorin und Übersetzerin. Sie wohnt mit ihrer Familie im idyllischen Bad Rodach in Oberfranken.

Lisa Althaus studierte an der Universität für angewandte Kunst in Wien und an der Akademie der Bildenden Künste in München. Sie wohnt in der Bodenseegegend und arbeitet als freie Künstlerin und Illustratorin.

1. Klasse

Leselöwen

Erstes Selberlesen

Die Nr. 1 für den Lesestart

ISBN 978-3-7432-1823-9

ISBN 978-3-7432-1926-7

ISBN 978-3-7432-1803-1

ISBN 978-3-7432-1749-2

ISBN 978-3-7432-1789-8

ISBN 978-3-7432-1734-8

1. Klasse

Leselöwen

COMICS

Die Nr. 1 für den Lesestart

ISBN 978-3-7432-1852-9

ISBN 978-3-7432-1853-6

Loewe
Das will ich lesen!